7 VERDADES DE MI EXPERIENCIA CON DIOS

A:

De:

*"La actividad de Dios es mucho
mayor que cualquier otra cosa que
pudiéramos aspirar hacer para él"*

—Henry Blackaby

ISBN 13/EAN 9781415867709 • ISBN 10 - 1415867704
Oracle Ítem 005205240

Clasificación Decimal Dewey: 231
Subdivisión: Dios/Voluntad

El retrato de Moisés es obra del famoso ilustrador Mike
Wimmer. Él ha hecho muchas ilustraciones para portadas
de libros y carteles de películas así como ilustraciones para
muchas campañas nacionales de publicidad. Cuando se le pidió
a Mike que hiciera la ilustración para la cubierta del libro Mi
Experiencia con Dios, el talento, la dedicación y la investigación
realizada por él lo llevaron a producir esta ilustración que se ha
convertido en una verdadera Obra Maestra.

A menos que se indique lo contrario, todas las citas bíblicas se
han tomado de la Santa Biblia, Versión Reina Valera de 1960,
propiedad de las Sociedades Bíblicas en América Latina,
publicada por Brodman & Holman Publishers, Nashville, TN.,
Usada con permiso.

Para ordenar copias adicionales escriba a
LifeWay Church Resources Customer Service,
One LifeWay Plaza, Nashville, TN 37234-0113;
FAX (615) 251-5933; teléfono 1-800 257-7744 ó envíe
un correo electrónico a customerservice@lifeway.com.
Le invitamos a visitar nuestro portal electrónico en
WWW.lifeway.com donde encontrará otros recursos
disponibles. También puede adquirirlo u ordenarlo en
la librería cristiana de su localidad.

Impreso en los Estados Unidos de América

Leadership and Adult Publishing
LifeWay Church Resources
One LifeWay Plaza
Nashville, TN 37234-0175

VERDAD I: DIOS ESTÁ OBRANDO A SU ALREDEDOR

Dios sabe quién es usted

Al final del primer capítulo del Evangelio de Juan hay un momento maravilloso en la vida de Natanael, quien pronto sería un discípulo de Jesús, cuando este lo escoge para ser discípulo. Cuando trajeron a Natanael para conocer a Jesús, Jesús le deja saber que ya lo conocía. En Juan 1:48, Natanael preguntó: "¿De dónde me conoces?"

¿No es esta una pregunta asombrosa para alguien que está hablando con Dios? ¿Cree que Dios lo conoce? ¡Lo conoce incluso antes de que usted supiera que Él lo conocía!

Natanael le dijo a Jesús: «Rabí, tú eres el Hijo de Dios; tú eres el Rey de Israel. Respondió Jesús y le dijo: ¿Porque te dije: Te vi debajo de la higuera, crees? Cosas mayores que estas verás» (Juan 1:49-50).

o pastoreé una iglesia que comenzó a
entir a Dios guiándonos a desarrollar un
ninisterio de alcance en la universidad. Ni la
glesia ni yo habíamos trabajado antes con
os estudiantes. Nuestro departamento de
ninisterio denominacional de estudiantes
ecomendó que comenzáramos con un
studio de la Biblia en los dormitorios.
Durante más de un año intentamos
omenzarlo, pero no tuvimos éxito.

In domingo reuní a todos los estudiantes y
es dije: "Esta semana quiero que vayan a la
niversidad, observen dónde está obrando
Dios y únanse a él". Ellos me pidieron que
es explicara esto. Dios recalcó en mi corazón
stos dos pasajes:

No hay justo, ni aun uno; no hay quien
ntienda, no hay quien busque a Dios"
Romanos 3:10-11).

Ninguno puede venir a mí [Jesús], si el Padre
que me envió no le trajere; y yo le resucitaré
en el día postrero" (Juan 6:44).

o expliqué: "De acuerdo a estos pasajes, la
gente no busca a Dios por su propia iniciativa.
No preguntará acerca de asuntos espirituales

5

al menos que Dios esté obrando en sus vidas. Si ustedes encuentran a alguien que esté buscando a Dios o preguntando acerca de los asuntos espirituales, está viendo a Dios obrar".

También les dije a nuestros estudiantes: "Si alguien les hace preguntas espirituales, no importa lo que hayan planeado, cancelen sus planes. Vayan con ese individuo y observen qué está haciendo Dios en la vida de esa persona". Esa semana nuestros estudiantes salieron a ver dónde estaba obrando Dios en la universidad para unírsele a Él.

El miércoles una de las jóvenes informó: "Pastor, una muchacha que ha estado conmigo en las clases desde hace casi dos años me alcanzó después de las clases y me dijo: 'Creo que tú debes ser cristiana. Necesito hablar contigo'. Me acordé de lo que usted dijo y aunque tenía una clase en ese momento, no asistí. Fuimos a hablar en la cafetería. Ella dijo: 'Once muchachas hemos estado estudiando la Biblia y ninguna de nosotras es cristiana. ¿Conoces a alguien que nos pueda guiar en un estudio de la Biblia?'"

Como resultado de esta relación,

comenzamos tres grupos de estudio bíblico en los dormitorios de las mujeres y dos en los dormitorios de los hombres. Habíamos pasado dos años tratando de hacer algo para Dios y fracasamos. Pasamos tres días buscando dónde estaba obrando Dios y nos unimos a él. ¡Qué diferencia tan grande!

Un plan centrado en Dios es el plan de Dios

Muchas personas están familiarizadas con la historia de Noé, que fabricó un arca para escapar de la inundación. Noé deseaba servir a Dios. Ni él ni nadie habían oído de una inundación catastrófica como esa para la cual Dios le dijo a Noé que se preparara. ¿Y si se trataba de otro plan de Noé para servir a Dios? Lo que ellos dijeran no tendría mucho sentido a la luz de la destrucción que vendría, ¿verdad? Noé no estaba llamando a Dios para que lo ayudara a hacer lo que él estaba soñando hacer para Dios.

Dios nunca le pide a la gente que sueñe hacer algo para él. No nos sentamos a soñar acerca de lo que queremos hacer para Dios para luego llamarlo y pedirle que nos ayude a lograrlo.

El patrón en las Escrituras es someternos a Dios y luego esperar hasta que Dios nos muestre lo que él está por hacer, o ver lo que Dios ya está haciendo a nuestro alrededor y unirnos a él.

Del corredor de la muerte al corredor de la vida

La vida centrada en Dios siempre afecta la vida de otros. La seguridad de que Dios siempre está obrando a su alrededor afectará su relación con otras personas.

Cuando Karla Faye Tucker estaba en el corredor de la muerte en la prisión de mujeres Gatesville en Texas, se convirtió en cristiana. Algunos cristianos fieles la guiaron en el libro *Mi experiencia con Dios*. Su vida estaba tan cambiada que comenzó a enseñar a otras compañeras en el corredor de la muerte. Muchas de las mujeres llegaron a conocer a Jesús como su salvador y aceptaron la verdadera vida en Cristo. Debido a esto, ellas le cambiaron el nombre al corredor de la muerte y lo llamaron "Corredor de la vida". Al final ejecutaron a Karla por su crimen, pero su testimonio afectó la nación e impactó el mundo.

Dios está obrando a su alrededor

Para vivir una vida centrada en Dios, usted debe enfocar su vida en los propósitos de Dios y no en sus propios planes. Usted debe buscar la perspectiva de Dios en sus circunstancias en lugar de buscarlo en su distorsionado punto de vista humano. Cuando Dios comienza a hacer algo en el mundo, Él toma la iniciativa para revelar su voluntad a la gente. Por alguna razón divina Él escogió involucrar a su pueblo para llevar a cabo sus propósitos.

Entender lo que Dios está por hacer en el lugar que usted está es más importante que decirle a Dios lo que usted quiere hacer para Él. ¿Qué bien le habría hecho a Abraham contarle a Dios acerca de sus planes para luego hacer una encuesta de Sodoma y Gomorra e ir puerta por puerta testificando un día después que Dios iba a destruir las ciudades? ¿Qué bien haría usted si hiciera planes a largo alcance en su iglesia y Dios trajera juicio a su nación o a su iglesia antes de que usted los implementara?

Usted necesita saber lo que Dios tiene en su agenda para su iglesia, comunidad y nación en este momento de la historia. Después, usted y su iglesia ajustarán sus vidas a Dios de manera que Él pueda trasladarlo a la corriente principal de su actividad. Aunque Dios no le dará un horario detallado, sí le dejará saber un paso a la vez cómo usted y su iglesia necesitan responder a lo que Él está haciendo.

Nosotros ajustamos nuestras vidas a Dios para que Él haga por medio de nosotros lo que quiera lograr. Dios no es nuestro siervo, alguien que necesita ajustar sus actividades para que concuerden con nuestros planes. Nosotros somos sus siervos y ajustamos nuestras vidas a lo que Él está por hacer. Si no nos sometemos, Dios nos permitirá seguir nuestra voluntad. Sin embargo, si la seguimos nunca experimentaremos lo que Dios quiere hacer para nuestro beneficio o a través de nosotros para otros.

Recuerde, Dios está obrando a su alrededor.

NOTAS

VERDAD 2:
DIOS BUSCA UNA RELACIÓN DE AMOR CON USTED

Dios me convenció para siempre de que Él me ama

Cuando nuestra única hija Carrie tenía 16 años, los médicos nos dijeron que ella tenía un cáncer avanzado. La tuvimos que llevar a quimioterapia y radiaciones. Sufrimos junto a Carrie viéndola experimentar los severos padecimientos que acompañan el tratamiento. Algunas personas encaran dicha experiencia culpando a Dios y preguntándose por qué Él dejó de amarlos. Los tratamientos para el cáncer de Carrie pudieron haber sido una experiencia devastadora para nosotros. ¿Todavía nos amaba Dios? Sí. ¿Cambió su amor? No, todavía él se interesaba en nosotros con un amor infinito.

Cuando usted encara circunstancias como estas, le puede pedir a Dios que le explique qué está sucediendo. Nosotros lo hicimos.

Le preguntamos qué debíamos hacer. Yo hice todas estas preguntas, pero nunca dije: "Señor, me imagino que ya tú no me amas".

Mucho después de esta experiencia con Carrie, yo determiné: no importa cuáles sean mis circunstancias, solo miraré mi situación con el trasfondo de la cruz. En la muerte y resurrección de Jesucristo, Dios me convenció para siempre de que Él me ama. Por esta razón, durante la enfermedad de Carrie, yo podía ir ante el Padre Celestial y más allá de mi hija ver la cruz de Jesucristo. Yo dije: "Padre, nunca me dejes mirar mi vida y dudar de tu amor por mí. Tu amor por mí quedó establecido en la cruz. Esto nunca ha cambiado ni nunca cambiará". Nuestra relación de amor con el Padre Celestial nos sostuvo a través de los momentos extremadamente difíciles.

¿Está huyendo del amor?

Debido al amor, no hay profundidad a la que usted pueda ir donde la gracia de Dios no vaya incluso más lejos. No hay un extremo del cual se agarre el pecado de su vida que evite que la inmensidad de su salvación no se extienda más allá del pecado para evitar que este lo domine. No hay pecado en su vida que le haga tropezar para el cual Dios ya no tenga preparada una solución más que adecuada.

Yo estaba dirigiendo unas conferencias en Arkansas. Después de la conferencia, un hombre se me acercó y me dijo: "Henry, esta noche yo no quería estar aquí". Era un hombre casado con hijos mayores. Sin embargo, allí estaba él, parado frente a mí, con lágrimas rodando por sus mejillas, listo a decirme lo que lo había llevado hasta este punto en su vida.

Dijo: "Tengo un corazón duro. Yo estaba en Vietnam y vi tanto quebrantamiento y dolor que mi corazón se endureció. Me convertí en un alcohólico y toda clase de cosas".

Y también me dijo: "Mi corazón está tan
endurecido esta noche que estoy a punto de
perder a mi esposa, a mis hijos y mi trabajo".
Me miró directamente y me dijo: "Esto me
va a matar. ¿Conoce algo que me pueda
ayudar?"

"Desde luego que sí", le dije:

Busqué con él Ezequiel 36:25-26 y le pedí
que me lo leyera.

"Esparciré sobre vosotros agua limpia, y seréis
limpiados de todas vuestras inmundicias;
y de todos vuestros ídolos os limpiaré. Os
daré corazón nuevo, y pondré espíritu nuevo
dentro de vosotros; y quitaré de vuestra carne
el corazón de piedra, y os daré un corazón de
carne".

Le pregunté: "¿Cree usted que el Dios que dijo esto lo ama y hará un nuevo corazón de ese corazón de piedra?" Él dijo: "Sí". Le pregunté: "¿Le gustaría que orara con usted?" De nuevo él dijo: "Sí". Así que oré: "Oh, Señor, tú pusiste este pasaje aquí para este querido hermano. ¿Podrías tú, ahora mismo, venir a su corazón y leer su corazón? Él quiere cambiar su corazón de piedra como nunca he visto a nadie más. Señor, ¿vendrás y harás lo que prometiste?" Levanté la vista y con más lágrimas que le seguían rodando por las mejillas, el hombre dijo: "¡Se ha ido! ¡Se ha ido! ¡Mi corazón de piedra ya no está aquí!"

Ahora este hombre está sirviendo a Dios. Se hizo enfermero y escritor de revistas inspiradoras. Unos años después lo volví a ver en una conferencia. Esta vez, un joven bien parecido estaba parado a su lado. El hombre se volvió a mí y me dijo: "Henry, quiero que mi hijo conozca al hombre que Dios usó para ayudar a su padre a liberarse de su duro corazón".

El amor lleva a la reconciliación

Las Escrituras indican que Dios tiene un corazón para la reconciliación. Es tan importante para Dios que Él dijo que debemos reconciliarnos con cualquiera que tenga algo en contra nuestra (Mateo 5:23-24). Sin embargo, Dios sabe cuán difícil es reconciliarse con las personas y cuán difícil es lograr que a cambio nos amen. Dios envió profetas, nos dio el Antiguo Testamento y por último nos mandó a su único Hijo. La gente rechazó todos los esfuerzos de Dios y hasta crucificó a su único Hijo. Pero Dios continúa alcanzándonos. Podemos experimentar su salvación porque Él hizo lo que se requiere para que nos reconciliemos con Él.

¿Cómo nos unimos a Él en su obra? Pablo dijo que Dios nos ha dado el "ministerio de reconciliación" (2 Corintios 5:18). Es decir, luego de experimentar de primera mano la reconciliación de Dios con nosotros, ahora somos sus embajadores, ayudando a otros a experimentar la reconciliación con Dios de la misma manera que nosotros la experimentamos: dejando que Dios muestre su amor mediante nosotros.

Tal vez usted se esté haciendo esta pregunta: ¿qué si la gente no responde a nuestro intento para reconciliarnos con ellos? ¿Usted le respondió a Dios la primera vez que Él intentó reconciliarse con usted? Sin embargo, Dios continúa alcanzando a la humanidad mediante su gracia porque Él nos ama.

Final, total y completo

No importa cuáles sean sus circunstancias, el amor de Dios nunca cambia. La cruz, la muerte de Jesucristo y su resurrección son la expresión final, total y completa de su amor por usted. Nunca permita que su corazón dude del amor de Dios. Colóquelo al frente de su deseo de conocerlo y experimentarlo. Él lo ama. Él lo creó para tener una relación de amor. Él lo ha estado persiguiendo para lograr esa relación de amor. Cada encuentro que tiene con usted es una expresión de su amor por usted. Dios dejaría de ser Dios si se expresara de cualquier otra forma que no fuera con un amor perfecto.

Dios toma la iniciativa de llevarlo a un lugar de una profunda relación personal. Él lo creó para tener compañerismo con usted. Este es el propósito de su vida. Esta relación de amor puede y debe ser real y personal para usted.

VERDAD 3: DIOS LO INVITA A UNIRSE A ÉL

Dios es el proveedor

Cuando la iglesia que yo dirigía en Canadá comenzó su primera misión, llamamos a Jack Conner para que fuera nuestro pastor de la misión. Sin embargo, no teníamos dinero para los gastos de la mudada ni tampoco para su sueldo. Jack tenía tres hijos en la escuela, así que consideramos que por lo menos teníamos que pagarle un modesto sueldo para sostener a su familia. Oramos pidiendo que Dios proveyera para los gastos de su mudada y el sueldo. Nunca antes yo había dirigido una iglesia que tuviera que hacer esto. Dimos un paso de fe, creyendo que Dios quería que Jack pastoreara nuestra misión en Prince Albert. Excepto por algunas personas en California, yo no conocía a nadie que nos pudiera ayudar con las finanzas.

Comencé a preguntarme cómo Dios haría esta provisión. Entonces se me ocurrió pensar que si Dios sabía dónde yo estaba, Él haría que cualquiera en el mundo supiera dónde yo estaba. Si Él sabía nuestra situación, también podía hacer sentir nuestra necesidad en el corazón de cualquiera que escogiera.

Jack comenzó por fe su mudada a Canadá, convencido de que Dios lo había llamado. Entonces yo recibí una carta de una iglesia en Fayetteville, Arkansas, que leía así: "Dios ha puesto en nuestros corazones enviarle un porciento de nuestras ofrendas misioneras para las misiones en Saskatchewan. Le estamos enviando un cheque para que usted lo use de la manera que prefiera". Yo no sabía cómo ellos se habían involucrado con nosotros en esos momentos, pero llegó un cheque por $1,100 dólares.

Un día recibí una llamada por teléfono de alguien que escuchó acerca de lo que estábamos haciendo y quería enviar un apoyo financiero regularmente. La promesa de la persona completó la cantidad del dinero que necesitábamos para el sueldo mensual de Jack. Tan pronto como colgué el teléfono, llegó Jack a nuestra entrada. Le pregunté: "Jack, ¿cuánto te costó mudarte?"

Él dijo: "Bueno, Henry, creo que el mejor cálculo que te puedo dar son $1,100 dólares".

Tomamos un paso de fe al creer que el Dios que sabe dónde estamos es el Dios que puede tocar a las personas dondequiera que estén y hacerles saber dónde estamos y cuánto necesitamos. Nosotros hicimos los ajustes y fuimos obedientes. Creímos que el Dios que llamó a Jack también dijo: "Yo soy el Proveedor". Mientras nosotros obedecimos, Dios demostró ser nuestro Proveedor. En una manera extremadamente práctica, esa experiencia nos guió a una relación de amor más profunda con nuestro Dios todo suficiente.

Dios se revela a sí mismo

A veces Dios trata de obtener nuestra atención revelando dónde Él está obrando. Lo vemos, pero no lo identificamos de inmediato como su actividad. No decimos: No sé si Dios quiere o no que yo me involucre aquí. Mejor será que ore por esto". Cuando por fin llegamos a orar, se fue la oportunidad de unirnos a Dios. Un corazón tierno y sensible estará listo para responder a Dios a la más mínima advertencia. Dios, mediante una relación de amor, hace que su corazón sea tierno y sensible de manera que usted esté a tono con lo que está en el corazón de Dios para las circunstancias que lo rodean.

Si usted va a unirse a Dios en su obra, necesita saber dónde está Él obrando. Las Escrituras identifican cosas que solo Dios puede hacer. Usted necesita aprender a identificarlas. Entonces, cuando algo suceda a su alrededor que solo Dios puede hacer, las reconocerá como una actividad de Dios. Esto no niega la iniciativa de Dios. Al menos que Dios abra sus ojos espirituales, no sabrá que Él es el que está obrando. Él toma la iniciativa para abrir los ojos de usted.

¿Está disponible para Dios?

Jim trabajó mucho para convertirse en el gerente principal de su empresa. Durante años se concentró en ascender la escalera de la empresa, pagando el precio que fuera necesario para llegar a la cima. Jim nunca le preguntó a Dios por qué lo había colocado en esta posición de influencia. Jim oró pidiendo que se abrieran sus ojos para ver lo que Dios estaba haciendo en la empresa. Esa semana uno de los empleados comenzó a hablar acerca de la Biblia. Cuando Jim le contestó las preguntas, el empleado le preguntó cómo él sabía tanto acerca de la Biblia. Le preguntó a Jim qué podía hacer para saber tanto de la Biblia como él.

Ore y observe lo que Dios hace después. Solo el Padre sabe lo que Él se ha propuesto, y Él sabe la mejor manera de lograr su voluntad. Él sabe por qué reunió a estos individuos en esta empresa y por qué le dio a Jim la responsabilidad de unirlos. Después de orar, levántese de sus rodillas y observe lo que Dios hará próximamente.

Para Jim, tal vez fuera guiar a los empleados interesados en un estudio de la Biblia los miércoles durante la hora del almuerzo. Imagínese que alguno de la empresa venga a Jim y le diga: "Mi familia realmente está pasando un tiempo difícil en cuanto a las finanzas. Yo estoy pasando por un tiempo especialmente difícil con mis adolescentes".

Haga la relación.
Jim podría orar: "Dios, muéstrame dónde estás obrando". Él necesita hacer la relación entre sus oraciones y lo que sucede después. Si usted no relaciona lo que sucede después, tal vez pierda la respuesta de Dios a sus oraciones. Siempre relacione lo que sucede después de orar. Entonces, ¿qué debe hacer Jim ahora?

Descubra lo que Dios ya está haciendo al formular preguntas de investigación.
Para descubrir lo que Dios está haciendo haga la clase de preguntas que le revelen qué está sucediendo en la vida de una persona.

La persona responde: "Realmente yo no tengo una relación con Dios. Pero desde que tengo este problema con mi adolescente, con toda seguridad he estado pensando al respecto". O "Cuando yo era un niño, acostumbraba a ir a la Escuela Dominical. Mi mamá y papá me hacían ir. Me liberé de esto, pero nuestros problemas financieros realmente me han hecho pensar en eso". Estas declaraciones se oyen como si Dios estuviera obrando en la vida de la persona. Tal vez esté acercando la persona a Él, haciendo que la persona busque a Dios, o haciéndole sentir una convicción de pecado.

Dios lo está invitando

Cuando usted quiera saber lo que Dios está haciendo a su alrededor, ore. Observe lo que pasa después. Haga la relación entre su oración y lo que sigue. Descubra lo que Dios está haciendo formulándole preguntas de exploración. Luego escuche. Esté listo para hacer los ajustes requeridos y unirse a Dios en lo que ya Él está haciendo.

Con frecuencia, la razón por la cual no nos unimos a Dios es porque no nos hemos comprometido a unirnos a Él. Queremos que

Dios nos bendiga, no a obrar por medio de nosotros. No busque maneras para que Dios lo bendiga. Busque maneras en que Dios se revele obrando mediante usted y más allá de usted para lograr sus propósitos. La obra de Dios a través suyo le traerá bendiciones a usted y a los demás, pero las bendiciones son un derivado secundario de la obediencia suya y la experiencia de Dios obrando en medio de usted.

VERDAD 4:
DIOS LE HABLA

Cuando Dios hable, responda

Las Escrituras muestran que el momento de reaccionar es cuando Dios le revela lo que Él está haciendo. Aunque tal vez falte mucho tiempo para ver la conclusión de la obra de Dios —por ejemplo, el hijo de Abraham nació 25 años después de recibir la promesa de Dios— el momento en que Dios viene a usted es el momento para responder. Es cuando usted necesita ajustar su vida a Él. Quizás necesite prepararse para lo que Él va a hacer por medio de usted.

Lo que Dios inicia, Él lo completa. Isaías reafirmó esta verdad cuando Dios le dijo:

"Yo hablé, y lo haré venir; lo he pensado, y también lo haré" (Isaías 46:11).

Antes, él le había advertido al pueblo de Dios:

*Jehová de los ejércitos juró diciendo:
Ciertamente se hará de la manera que lo
he pensado, y será confirmado como lo he
determinado'".*

*Porque Jehová de los ejércitos lo ha
determinado, ¿y quién lo impedirá? Y su
mano extendida, ¿quién la hará retroceder?"*
(Isaías 14:24, 27).

Dios dice que dejar que su pueblo sepa lo
que Él está a punto de hacer, resulta ser tan
seguro como si ya estuviera hecho. Él mismo
lo logrará (también véase 1 Reyes 8:56;
Filipenses 1:6).

Esto lleva enormes implicaciones para los
creyentes individuales, las iglesias y las
denominaciones. Cuando venimos a Dios
para saber lo que Él está por hacer donde
nosotros estamos, también tenemos la
seguridad de que Dios está indicando que
realmente ocurrirá lo que está por hacer.

El poder de la oración

Conocí a un maravilloso misionero afroamericano que servía en Zambia. Me contó acerca de los millones de huérfanos en África a causa del Sida y el terrible sufrimiento que padecían. Él me dijo que sentía que las iglesias afroamericanas en los Estados Unidos podían ministrar a esas enormes necesidades. Mientras el misionero me hablaba, el Espíritu Santo me dio la impresión de que yo debía ser parte de la actividad de Dios para estas necesidades. Le dije al misionero que sus palabras me habían impactado profundamente y que me alegraría ayudar de cualquier forma posible. Le expliqué que yo no tenía relaciones con las iglesias afroamericanas. No obstante, estaría orando y respondería a cualquier cosa que Dios me dirigiera a hacer después.

Hacía dos días que estaba en la casa cuando sonó el teléfono. La llamada era de uno de los prominentes pastores africanos-americanos en los Estados Unidos. Me dijo que estaba auspiciando una de las reuniones más grandes de líderes de iglesias afro-americanas y quería que yo les hablara.

Reconocí que Dios me estaba dando mis próximas instrucciones.

Poco después, recibí otra invitación poco común. Esta vez era para hablarle a un grupo de embajadores de África en las Naciones Unidas. Después de hablarles acerca de ser líderes espirituales en su tierra, me dieron sus tarjetas de presentación y me pidieron que visitara su país. Desde ese momento Dios me ha estado revelando periódicamente su gran amor por el pueblo de África y por los millones de personas que diariamente sufren allí. Cada conversación con Dios tiene posibilidades adheridas e ilimitadas porque Él "es poderoso para hacer todas las cosas mucho más abundantemente de lo que pedimos o entendemos, según el poder que actúa en nosotros" (Efesios 3:20).

Dios habla de maneras diferentes

Un requisito crítico para entender y experimentar a Dios es saber con claridad cuándo Él está hablando. Si los cristianos no saben cuándo Dios está hablando, entonces tienen un problema en el corazón de sus vidas cristianas. Dios nos habla en estas maneras:

- Dios habla por medio del Espíritu Santo para revelarse a sí mismo, sus propósitos y sus caminos.
- Dios habla por medio de la Biblia.
- Dios habla por medio de la oración.
- Dios habla por medio de las circunstancias.
- Dios habla por medio de la iglesia y los creyentes.

Un patrón equivocado

Escucho que muchas personas dicen algo así: "Señor, realmente quiero conocer tu voluntad. Detenme si estoy equivocado y bendíceme si estoy haciendo lo correcto" o "Señor, seguiré en esta dirección. Cierra la puerta si no es tu voluntad". Estos métodos no se encuentran en las Escrituras.

No permita que solo la experiencia guíe su vida. No se deje guiar solo por la tradición, los métodos o las fórmulas. Con frecuencia la gente confía en esto porque parece más fácil que cultivar un andar íntimo con Dios. La gente hace lo que quiere y pone todo el agobio de la responsabilidad sobre Dios. Si están equivocados, Él debe intervenir y detenerlos. Si cometen un error, lo culpan. ¡Dios no está obligado a evitarle cometer un error!

Si quiere conocer la voluntad y la voz de Dios, usted debe dedicar tiempo y esfuerzo para cultivar una relación de amor con Él. ¡Eso es lo que Él quiere!

Un abogado aprende a escuchar la voz de Dios

Dios me ha dado una maravillosa oportunidad de guiar un estudio bíblico para varios cientos de hombres y mujeres en sus trabajos. Nos reunimos mensualmente desde la 6:30 hasta las 7:30 a.m. Un abogado conduce su auto casi todos los meses desde Macon hasta el sur de Atlanta. Me hice amigo suyo y seguí sus profundos deseos de conocer la clara voluntad de Dios, especialmente en los casos que él estaba dirigiendo. Él tenía un caso muy sensible que involucraba a una prisionera que estaría encarcelada durante toda su vida. Ella se convirtió al cristianismo y deseaba ganar la libertad condicional para poder ayudar a otros a conocer a Cristo como ella lo conocía. Parecía imposible, pero mientras más sabía el abogado cómo Dios guía a sus hijos, más confiaba en Dios y obedecía lo que Él le dijo que hiciera. Después de un largo tiempo, su clienta no solo obtuvo la libertad condicional, sino que también se volvió a casar con el padre de su hijo de once años y hasta hoy han vivido felices y fielmente. El abogado cristiano se alegra de haber conocido cómo y cuándo Dios habla y lo que sucede cuando él obedece.

¡Por favor, cancela mi petición!

¿Alguna vez ha orado pidiendo algo y ha recibido otra cosa? Yo sí. Cuando eso me sucedía, invariablemente un alma querida me decía: "Dios está tratando que tú insistas. Sigue orando hasta que recibas lo que estás pidiendo".

Yo seguía pidiéndole a Dios una cosa, pero seguía recibiendo otra. Durante una de esas experiencias comencé a leer Marcos 2, que cuenta acerca de cuatro hombres que trajeron a su amigo inválido a Jesús para que lo sanara. Debido a la gran muchedumbre, ellos abrieron un hueco en el techo de la casa y bajaron al hombre frente a Jesús. Jesús dijo: "Hijo, tus pecados te son perdonados" (Marcos 2:5).

Comencé a leer, pero sentí que el Espíritu de Dios decía: "Henry, ¿ves esto?" regresé y medité en las Escrituras. Bajo la dirección del Espíritu Santo descubrí una maravillosa verdad: los cuatro hombres le pidieron a Jesús que sanara físicamente al hombre, pero Jesús perdonó los pecados del hombre. ¡Ellos pidieron una cosa y Jesús les dio otra! Este hombre y sus amigos pidieron un regalo temporal, pero Jesús quería hacer del hombre un hijo de Dios para la eternidad para que así él pudiera heredarlo todo.

Me he visto llorando ante Dios y diciendo: "Oh, Dios, si alguna vez te pido algo y tú tienes que darme más de lo que estoy pidiendo, por favor, ¡cancela mi petición!"

VERDAD 5:
SU CRISIS
DE FE

¿Qué cree usted acerca de Dios?

La palabra *crisis* viene de una palabra griega que significa *decisión* o *juicio*. Una crisis de fe no es una calamidad en su vida sino un momento crucial en el que usted debe tomar una decisión. Usted debe decidir lo que verdaderamente cree acerca de Dios. La manera en que responda en este momento decisivo determinará si se involucró con Dios en algo del tamaño de Dios que solo Él puede hacer o si va a continuar por su cuenta y perder lo que Él tiene designado para su vida. Esta no es una experiencia de una sola vez. Es algo que ocurre regularmente. La manera en que usted viva su vida es un testimonio de lo que usted cree acerca de Dios.

Cuando Dios lo invita a unírsele en su obra, Él tiene para usted una tarea a la altura de Dios. Con rapidez usted tiene que comprender que no puede hacer por sí solo lo que Él le está pidiendo. Si Dios no lo ayuda, usted fallará. Esta es la crisis de fe, cuando usted debe decidir si creer o no en Dios para lo que Él quiere hacer mediante usted. En este punto, muchas personas deciden no seguir lo que sienten que Dios los está guiando a hacer. Entonces se preguntan por qué no experimentaron la presencia y actividad de Dios igual que otros cristianos.

Andar por fe

Un año los miembros de nuestro comité de finanzas dijeron: "Pastor, usted nos ha enseñado a andar por fe en todos los aspectos de la vida de nuestra iglesia excepto en el presupuesto". Les pedí que se explicaran. Me dijeron: "Nosotros desarrollamos el presupuesto basándonos en lo que creemos que podemos hacer. No refleja lo que esperamos que Dios haga".

"Entonces, ¿cómo creen ustedes que debemos producir el presupuesto?", les pregunté.

Ellos dijeron: "Primero, debemos determinar todo lo que Dios quiere hacer mediante nosotros en el próximo año. Segundo, necesitamos estimar lo que eso costará. Después, necesitamos dividir los ingresos del presupuesto en tres categorías:

1. Lo que planeamos hacer mediante nuestras ofrendas.
2. Lo que otros han prometido hacer para ayudar.
3. Lo que debemos depender de Dios para hacer".

Como una iglesia, oramos y decidimos que este es el método que Dios desea que usemos para el presupuesto. No tratamos de soñar nuestros sueños para Dios. Tenemos que estar absolutamente seguros de que Dios nos está guiando a hacer las cosas que ponemos en el presupuesto. Luego enumeramos lo que eso costará. Estimamos lo que pensamos que otras personas darán y lo que otros (la junta de misiones, iglesias colaboradoras y las personas) han dicho que contribuirán. La diferencia entre lo que nosotros razonablemente esperamos recibir y el total es lo que le pedimos a Dios que nos proveyera.

Una crisis de fe

La gran pregunta era cuál sería nuestro presupuesto operativo. Por fe, adoptamos el gran total como nuestro presupuesto operativo. En este punto llegamos a una crisis de fe. ¿Realmente creemos que el Dios que nos ha guiado a hacer estas cosas proveerá los recursos para realizarlos? Siempre que Dios nos guía a hacer algo a las dimensiones de Dios, usted encarará una crisis de fe. En ese punto lo que usted haga próximamente revelará lo que cree acerca de Dios.

Ese año establecimos nuestro presupuesto a más del doble de la cantidad que normalmente planeamos. Sin embargo, al final del año, Dios había excedido incluso esa cantidad proveyéndonos ingresos que no habíamos anticipado. Dios le enseñó a nuestra iglesia una lección de fe que radicalmente nos cambió a todos.

Esto es un desafío

Cuando estaba en sexto grado, descubrió la marihuana, organizó una pandilla y estaba negociando con drogas. Fue a la cárcel por primera vez cuando tenía once años. A los diecinueve, cuando ya su vida era una miseria, adicto a las drogas y enfermo de la vida, Fernando Hernández entregó su vida a Cristo. Estuvo listo para admitir que servir a Dios en los años siguientes había sido un desafío. Él también dijo: "Si Dios está en el trato, él se queda".

"Quedarse en el trato", guió a Fernando a comenzar un ministerio de prevención de las pandillas llamado "Esto es un desafío". La historia de su vida dio crédito a su testimonio entre adolescentes en riesgo. "Yo estuve exactamente donde ellos están. Gracias a Dios, Jesús me encontró".

Él comenzó: *Esto es un desafío* para enfocarse en reunir estudiantes —que típicamente eran difíciles de alcanzar— para orar, estudiar la Biblia y animarlos en reuniones antes de la escuela. Allí encontraron personas interesadas en ellos y un testimonio del evangelio como también razones para permanecer libres de drogas, seguir en la escuela y no unirse a las pandillas. Él dijo:

Es posible que algunos de los muchachos que vienen no hagan sus tareas. Tal vez no lean bien. Pero todas las semanas tomaremos una lección al día [de *Mi experiencia con Dios*]. Ese estudio se convirtió en una escuela de la Biblia que duró un año. Los muchachos se responsabilizaron con el trabajo y siguieron regresando. La experiencia tuvo un buen efecto en sus trabajos en la escuela y en sus corazones".

El mensaje de este ministerio sigue siendo que los estudiantes tienen esperanza y pueden tomar decisiones. Y, si confían en Dios, Él los cambiará y usará sus vidas.

Dios puso confianza en mi corazón

Dios está más preocupado en cuanto a su andar con Él de lo que le interesa que se realice un trabajo para Él. Si el mundo ve que a través del pueblo de Dios suceden cosas que no tienen otra explicación excepto que el mismo Dios las ha hecho, entonces se sentirá atraído a un Dios así.

Nuestra iglesia en Saskatoon estaba creciendo y necesitaba más espacio. Sentimos que Dios nos estaba guiando a aumentar nuestro edificio aunque solo teníamos $749 en el fondos para edificios. El edificio costaría $220,000. No teníamos ni la más mínima idea de cómo reunir este dinero.

Hicimos una gran parte del trabajo para ahorrar gastos de trabajadores. Sin embargo, a la mitad del trabajo nos faltaban $100,000 en el programa para construir el edificio. Estas queridas personas miraron a su pastor para ver si yo creía que Dios podría lograr lo que nos había llamado a hacer. Dios puso la confianza en mi corazón de que el Dios que nos estaba guiando nos mostraría cómo hacerlo.

Dios comenzó a proveer los fondos necesarios, pero todavía nos faltaban $60,000 para terminar. Habíamos esperado dinero de la fundación de Texas. Hubo demora tras demora que no podíamos entender. Entonces un día, durante exactamente dos horas, la tasa de cambios para el dólar canadiense alcanzó el punto más bajo en la historia. Este fue exactamente el momento en que la fundación de Texas giró el dinero a Canadá.

Eso nos dio $60,000 más de lo que de otra manera hubiéramos recibido.

Las acciones hablan

Cuando Dios lo invita a unirse a Él y usted encara una crisis de fe, lo que usted haga próximamente revelará lo que cree acerca de Dios. Sus acciones dicen más que sus palabras. Santiago 2.26 dice: "Porque como el cuerpo sin espíritu está muerto, así también la fe sin obras está muerta". Lo que usted haga cuando encara una crisis de fe, demostrará lo que cree. ¡La fe sin acción está muerta! La acción demuestra la fe genuina.

Las apariencias externas del éxito no siempre indican fe, una apariencia externa de fracasos no siempre refleja falta de fe. Un siervo fiel es aquel que hace lo que su Maestro le pide, cualquiera que sea el resultado. Considere a Jesús: Él sufrió la cruz, ¡pero ahora está sentado al lado del trono de Dios! ¡Qué recompensa por la fidelidad! No se canse de ser fiel. A los siervos fieles les espera una recompensa.

VERDAD 6:
USTED DEBE
AJUSTAR SU VIDA

El sacrificio de una joven pareja

Cuando surge una necesidad en una de las misiones de nuestras iglesia que está a 40 millas (64 kilómetros) de distancia, yo le pido a la iglesia que ore pidiendo que Dios llame a alguien que se mude a esa comunidad para que sirva de pastor laico de la misión. Una joven pareja respondió. Como el esposo estaba asistiendo a la universidad, tenían muy poco dinero.

Si se mudaban a la comunidad de la misión, él tendría que viajar 80 millas (130 kilómetros) al día para ir a la universidad. Yo sabía que ellos no podrían sufragar este gasto y dije: "No, no puedo permitirles hacer esto" y mencioné varias razones explicando por qué no sería justo.

Esta joven pareja estaba profundamente agradecida porque Dios los había salvado. El joven me miró y me dijo: "Pastor, no me niegue la oportunidad de sacrificarme por mi Señor". Esta declaración me conmovió. ¿Cómo podría yo negarme? Sin embargo, sabía que esta pareja tendría que pagar un alto precio porque nuestra iglesia había sido obediente en el comienzo de nuevas misiones.

Habíamos orado a Dios pidiéndole que llamara a un pastor laico, así que yo debía estar dispuesto a recibir de una manera inesperada la respuesta de Dios a nuestras oraciones. Cuando esta pareja respondió con un profundo sentido de entrega y sacrificio personal, nuestra iglesia afirmó su sentido del llamado y Dios proveyó para sus necesidades.

Rendición absoluta

Con frecuencia Dios requiere ajustes en aspectos de la vida que usted nunca ha considerado ni estuvo dispuesto a hacer en el pasado. Es posible que haya escuchado a alguien decir algo como esto: "Nunca le digas a Dios algo que no quieras hacer… Eso es lo que te pedirá que hagas". Dios no está buscando maneras de hacer su vida difícil. Sin embargo, Él intenta ser el Señor de su vida. Si usted identifica un lugar en el que se niegue permitir su Señorío, ahí es donde Él obrará. Él está buscando una **rendición absoluta**. Tal vez Dios requiera o no que usted haga lo que identificó, pero seguirá obrando hasta que usted desee que Él sea el Señor de todo. Recuerde, Dios lo ama y su voluntad siempre es la mejor. Cualquier ajuste que Dios espere que usted haga es para su bien. A medida que usted lo siga, vendrá el momento cuando su vida y futuro dependerán de su rápido ajuste a las directrices de Dios.

Usted no ajusta su vida a un concepto. Usted ajusta su vida a Dios. Usted altera sus puntos de vista para que se asemejen a los de Dios. Usted cambia sus caminos para que sean como los de Él. Después de hacer los ajustes necesarios, Él le dirá qué hacer próximamente para obedecerlo. Si usted lo sigue, experimentará que Él está haciendo algo a través de usted que solo Él puede hacer.

La obediencia es costosa

Hudson Taylor, un gran hombre de oración y fe, respondió al llamado de Dios para ir a la China como misionero en el siglo 19. Obedecer a Dios significaba dejar sola a su madre viuda. Al final de la vida de Hudson, en el 1905, Dios lo había usado para fundar *China Inland Mission* [Misión China en tierra adentro, actualmente OMF internacional]. Allí tenían 205 estaciones de predicaciones, 849 misioneros y 125,000 chinos cristianos, un testimonio de una vida absolutamente rendida a Dios. Hudson Taylor describió algo del precio que él y su mamá experimentaron por obedecer la voluntad de Dios yendo a la China.

"Mi querida madre, ahora santa, vino a despedirme a Liverpool. Nunca olvidaré ese día, ni tampoco cómo ella fue conmigo al pequeño camarote que sería mi casa durante casi seis largos meses. Con las manos cariñosas de una madre me alisó la pequeña cama. Se sentó a mi lado y se unió a mí en el último himno que íbamos a cantar juntos antes de la larga partida.

Nos arrodillamos y ella oró la última oración que yo escucharía de mi madre antes de irme a la China. Entonces me dieron la noticia de que debíamos separarnos, y nos teníamos que decir adiós, sabiendo que nunca nos volveríamos a reunir en la Tierra.

Por mi bien, ella contuvo sus sentimientos tanto como le fue posible. Nos despedimos, y ella se fue al muelle, dándome su bendición. Yo me quedé solo parado en la cubierta, y ella siguió el barco mientras nos movíamos hacia las puertas del muelle. Nunca olvidaré el llanto de agonía que estrujó el corazón de mi madre a medida que pasábamos por las puertas y realmente comenzaba la separación. Me traspasó como un cuchillo. Hasta ese momento yo nunca supe lo que significaba el amor de Dios por el mundo. Y estoy completamente seguro de que en ese momento mi preciosa madre aprendió más del amor de Dios por los que perecen que en toda su vida anterior".

Dejar el hogar y la familia en una misión peligrosa fue un paso muy caro para Hudson Taylor. Su mamá amaba tanto al Señor que estuvo dispuesta a pagar el precio de dejar ir a su hijo a las misiones. Tanto el hijo como la madre Taylor tuvieron que pagar un alto precio por la obediencia. No obstante, ambos experimentaron el amor de Dios de una manera que nunca antes habían conocido.

Sin Dios, usted no puede hacer nada

Una vez, una iglesia preguntó: "Oh, Dios, ¿cómo quieres alcanzar nuestra comunidad por medio de nosotros y edificar una gran iglesia?" Dios los guió a comenzar un ministerio de ómnibus que brindaba transporte para que los niños y adultos vinieran a la iglesia. Ellos hicieron lo que Dios les dijo que hicieran y su iglesia llegó a ser una gran iglesia.

Se sintieron halagados cuando personas de todo el país comenzaron a preguntar: "¿Qué están haciendo para crecer tan rápido?" Ellos escribieron un libro acerca de cómo edificar grandes iglesias mediante un ministerio de ómnibus. Miles de iglesias comenzaron a comprar ómnibus para alcanzar a su comunidad, creyendo que este método era la clave para el crecimiento. Tiempo después muchas vendieron sus ómnibus, diciendo: "Esto no funcionó con nosotros".

Nunca funciona. ¡Dios es quien lo hace funcionar! El método nunca es la clave para lograr los propósitos de Dios. La clave es su relación con la Persona de Dios. Cuando quiera saber cómo Dios quiere que usted alcance su ciudad, comience una nueva iglesia, o participe en su obra, pregúntele. Después, cuando él le diga, no se sorprenda si no puede encontrar una iglesia que esté haciendo eso de la misma manera. ¿Por qué? Dios quiere que usted lo conozca. Si usted sigue los planes de otra persona, usa un método o hace énfasis en un programa, tendrá la tendencia de olvidarse de depender de Dios. Usted deja la relación con Dios y va detrás de un método o un programa. Eso es adulterio espiritual.

Sin la obra de Dios en usted, no se puede hacer nada para producir frutos para el Reino. Cuando Dios se propone hacer algo, Él garantiza que eso sucederá. Él es el Único que logrará lo que intenta hacer. Si usted depende de alguna otra cosa que no sea Dios, está pidiendo un fracaso en términos del Reino.

NOTAS

VERDAD 7:
USTED PUEDE EXPERIMENTAR A DIOS

La obediencia provee bendiciones futuras

Todavía éramos una iglesia extremadamente pequeña y estábamos tratando de buscar personal y apoyar tres misiones iglesias cuando se nos pidió que patrocináramos otra misión en Winnipeg, Manitoba, a 510 millas (820 kilómetros) de nuestra iglesia. Alguien tendría que conducir un auto 1,020 millas (1,620 kilómetros) de ida y vuelta para reunirse con esta gente en la misión. De primer vistazo esto parecía una tarea imposible para nuestro grupo pequeño.

Yo le dije a nuestra congregación que un grupo de personas fieles se había estado reuniendo durante más de dos años y querían comenzar una iglesia. Ellos se acercaron a nosotros para que los patrocináramos.

Teníamos que determinar si esta era la obra de Dios y si Él estaba revelando su actividad para nosotros. ¿Era esta nuestra invitación para unirnos a Él en lo que estaba haciendo? La iglesia acordó que esta era una invitación de Dios, y sabíamos que teníamos que obedecer. Acordamos patrocinar la nueva misión. Luego le pedimos a Dios que nos mostrara cómo hacerlo y que nos diera fuerzas y recursos para lograrlo.

Varias veces yo viajé a Winnipeg para predicar y ministrar a la gente. Mucho antes que en cualquiera de nuestras otras misiones iglesias vimos que Él proveyó un pastor y un sueldo para Winnipeg. Sin embargo, la historia de nuestra obediencia no terminó ahí. Esa iglesia original se convirtió en la iglesia madre para otras muchas misiones iglesias y así comenzó toda una asociación de iglesias.

Cuando Richard, nuestro hijo mayor, terminó el seminario, esta iglesia en Winnipeg lo llamó para que fuera su pastor. Un año más tarde la iglesia llamó a Tom, nuestro segundo hijo, para que fuera el pastor asociado. Poco sabía yo que este acto de obediencia, que al principio parecía imposible, tendría tanto potencial para futuras bendiciones en mi familia.

Espera en el Señor

La hierba que está aquí hoy y mañana se marchita no requiere mucho tiempo para madurar. Un gran árbol de caoba que vive durante generaciones requiere mucho más tiempo para desarrollarse. Dios está interesado en su vida a través de la eternidad. Permita que Él pase todo el tiempo que quiera dándole forma para cumplir con sus propósitos. Las grandes tareas requieren más largos períodos de preparación.

Permita que Dios lo dirija a Él. El siervo no le dice al Maestro qué clase de tarea quiere. El siervo espera hasta que su Maestro le da su tarea. Sea paciente. Esperar en el Señor no debe ser un tiempo inerte. Deje que Dios use el tiempo de espera para moldear y definir su carácter. Deje que Dios use esos tiempos para purificar su vida y hacerlo una vasija limpia para servirlo a Él.

A medida que lo obedezca, Dios lo preparará para la tarea que es adecuada para usted. Sin embargo, cualquier tarea que venga

del Hacedor del universo, es importante.
No use las normas humanas para medir la
importancia del valor de la tarea que Dios le
dé.

Cuando usted obedece pero las puertas se cierran, entonces, ¿qué?

Imagínese que usted siente el llamado
de Dios para una tarea, un lugar o una
encomienda. Usted está preparado para
hacerla, pero todo sale mal. A menudo la
gente dice: "Me imagino que esa no era la
voluntad de Dios".

Dios lo llama a una relación con Él. Tenga
cuidado de cómo interpreta las circunstancias.
Muchas veces llegamos a conclusiones
demasiado rápido. Dios nos está moviendo
en una dirección para decirnos lo que está
a punto de hacer. De inmediato llegamos a
nuestra propia conclusión acerca de lo que Él
está haciendo porque nuestro razonamiento
nos parece lógico. Comenzamos a seguir la
lógica de nuestro pensamiento, y entonces
parece que nada funciona. Tenemos la
tendencia de obviar nuestra relación con Dios
y hacer las cosas a nuestro modo. ¡No haga
eso!

La mayoría de las veces, cuando Dios lo llama o le da una dirección, no lo está llamando para hacer algo para Él. Le está diciendo lo que Él está a punto de hacer donde usted está.

El plan de Dios

¿Acaso Dios planea la vida de usted para la eternidad y luego lo deja a la deriva para cumplir con las intenciones que Él tiene? El deseo de Dios es relacionarse. Nos metemos en problemas cuando tratamos de hacer que Dios nos diga si Él quiere que seamos una persona cristiana de negocios, un director de música, maestro de escuela, predicador o misionero. Queremos saber si Él quiere que le sirvamos en nuestro país de nacimiento o que vayamos a Japón o Canadá. Dios, por lo general, no le da una tarea de una vez y le deja allí para siempre. Sí, tal vez lo coloque en un trabajo en un lugar durante un largo tiempo, pero la tarea de Dios viene a usted a diario.

Dios lo llama a una relación en la cual Él es el Señor, en la que usted está dispuesto a hacer y ser lo que Él decida. Si usted lo reconoce y lo sigue como Señor, tal vez lo guíe a hacer y ser cosas con las que usted nunca soñó. Si no, tal vez usted se encierre en un trabajo o en una tarea y pierda algo que Dios quiere hacer por medio suyo.

He escuchado a la gente decir algo así: "Dios me llamó para ser un _____, así que esta otra cosa no puede ser su voluntad". O "Mi don espiritual es _____, así que este ministerio no podría ser la voluntad de Dios para mí".

Dones espirituales

Dios nunca le dará una tarea para la cual no le capacite de manera que pueda completarla. Un don espiritual realmente es: un poder sobrenatural para lograr la tarea que Dios le dio. No se enfoque en sus talentos, habilidades e intereses para determinar la voluntad de Dios. He escuchado a muchas personas decir: "Eso es lo que realmente me gustaría hacer, por lo tanto, debe ser la voluntad de Dios".

Esa clase de respuesta es egocéntrica. Por el contrario, conviértase en un ser Dioscéntrico. Dios es Señor y su respuesta debe ser algo así: "Señor, haré cualquier cosa que tu Reino requiera de mí. Iré a donde tú quieras que vaya. No importa cuáles sean las circunstancias, estoy dispuesto a ir. Si quieres satisfacer una necesidad mediante mi vida, yo soy tu siervo y haré lo que sea necesario hacer".

Marcadores espirituales

He descubierto que es de ayuda identificar los marcadores espirituales en mi vida. Cada vez que he encontrado un llamado o una guía de Dios para mi vida, mentalmente he edificado un marcador espiritual en ese punto. Un marcador espiritual identifica un momento de transición, decisión o dirección cuando sé con claridad que Dios me ha guiado. A través del tiempo he podido ver estos marcadores espirituales en el pasado y notar cómo Dios ha dirigido fielmente mi vida de acuerdo a su propósito divino.

Cuando yo encaro una decisión acerca de la dirección de Dios, repaso estas señales espirituales. No doy el próximo paso sin el contexto de la completa actividad de Dios en mi vida. Esto me ayuda a ver la perspectiva de Dios para mi pasado y presente. Luego examino las opciones ante mí, buscando cuál dirección es la más coherente con lo que Dios ha estado haciendo en mi vida. Con frecuencia una de estas oportunidades será la más próxima a lo que Dios ya está haciendo.

Si ninguna de las direcciones parece coherente, continúo orando y esperando la guía del Señor. Cuando las circunstancias no están alineadas con lo que Dios está diciendo en la Biblia y en la oración, yo asumo que tal vez el tiempo no sea el correcto. Entonces, espero que Dios me revele su momento oportuno.

Si somos débiles, Dios es fuerte

Hace años Marilynn, mi esposa, casi muere de una enfermedad. Dios me había llamado a comenzar una misión iglesia en otro pueblo. Marilynn todavía no se había recuperado por completo. Me sentí indefenso y quebrantado con esta difícil experiencia. Teníamos en la casa cinco hijos. Cada vez que tenía que irme, llamaba a Marilynn para decirle que la amaba. Esta vez, Marilynn estaba llorando. "Henry, no soporto esto por más tiempo", me dijo. "Es demasiado difícil. Quiero que estés aquí, pero sé que estás haciendo lo que Dios quiere que hagas. Estoy al final de mis límites y no sé qué hacer".

Me fui a la casa y juntos elevamos nuestros rostros al cielo para orar: "Oh, Dios, estamos haciendo todo lo que sabemos hacer. No nos quedan fuerzas". De pronto, vino sobre nosotros una increíble presencia y poder de Dios. No creo que antes de haber llegado al punto de la desesperación yo conociera el poder de Cristo.

De la nada, lo aprendí todo. Solo cuando estábamos débiles pudimos comenzar a reconocer el maravilloso poder de Dios.

Una vez más, experimentamos a Dios. Usted también puede experimentarlo.

Notas

CÓMO CONOCER
Y HACER LA
VOLUNTAD DE DIOS

MI EXPERIENCIA CON

DIOS

VERSIÓN AMPLIADA Y REVISADA

HENRY BLACKABY & CLAUDE KING

MÁS DE 5 MILLONES DE COPIAS VENDIDAS EN INGLÉS Y
MÁS DE 250,000 EN ESPAÑOL

LifeWay | Español

Con más de cinco millones de copias vendidas
en inglés y más de 250,000 en español,
MI EXPERIENCIA CON DIOS
constituye un recurso único en su género.

Este libro ha sido traducido a más de 45
idiomas y dialectos en todo el mundo y ha
llevado a millones de personas a experimentar
una nueva relación con Dios.

LA MAYORÍA DE LOS ESTUDIOS BÍBLICOS AYUDA A LAS PERSONAS.

ESTE LOS CAMBIARÁ PARA SIEMPRE.

Realmente, Dios cambia a las personas. Pero durante más de 16 años, Él ha usado *Mi experiencia con Dios* para ayudar a realizar estos cambios. Este estudio le mostrará cómo conocer a Dios íntimamente y lo motivará a dar un paso de fe y unirse a Él en su obra, con resultados milagrosos. El más reciente estudio revisado contiene muchos ejemplos: desde los prisioneros en Angola que están estudiando para obtener títulos de seminario hasta el nuevo nacimiento espiritual y económico de una pobre comunidad en los Apalaches. Estos testimonios son verdaderamente asombrosos, pero Dios tiene más que hacer y tiene un papel importante solo para usted. ¿Se unirá a Él? Ordene su estudio por Internet, llame al 1.800.458.2772, o visite la librería cristiana LifeWay más cercana.

WWW.LIFEWAY.COM/EG

Acerca de los autores

Henry T. Blackaby es el autor princip de *Mi experiencia con Dios* y fundad de los Ministerios Internaciones Blackaby. Ha servido como pastor de iglesias en los EE.UU. y Canadá, ha hablado en más de 200 países y escr más de una docena de libros. Él y Marilynn, su esposa, tienen cinco hijos, todos ellos sirviendo en ministerios con sus familias.

Claude V. King es un editor en jefe en LifeWay Christian Resources. Él escribió las actividades de aprendiz para *Mi experiencia con Dios*, ha sid autor y coautor de más de 20 libros sirve como presidente de la junta de directores para *Final Command Ministry*.

Richard Blackaby es el hijo mayor de Henry y actual presidente de Ministerios Internacionales Blackaby. Ha servido de pastor y presidente de un seminario. Richard contribuyó con materiales para la edición revisada de *Mi experiencia con Dios*. Es autor de *Crosseekers*, *Putting a Face on Grace* y *Unlimiting God* y coauto de una docena de libros con su padre.